열네 살의
남장 여행가
김금원

열네 살의
남장 여행가
김금원

신혜경, 김용심 글
김병하 그림

보리

인물이야기

김금원

1817년~ 모름

1817년(1세)
원주에서 태어남.

1845년(29세)
김덕희의 소실이 됨.

1850년(34세)
《호동서락기》를 완성함.

1830년(14세)
남장을 하고 금강산을 여행함.

1847년(31세)
삼호정에서 시 모임을 꾸림.

열네 살의 여행가 김금원

김금원은 조선 후기를 대표하는 여성 시인이야.
조선 시대 때 양반집 여자아이는
일곱 살이 되면 바깥으로 나가지 못하고
규방에 갇혀 지내야 했어. '여자가 해야 할 일'과
'여자의 도리' 같은 것을 배우다가 혼인하면
남편 집에 가서 그 집안사람으로 생을 마쳤지.
그때는 책을 읽고 글을 쓰는 것도 '여자가 할 일'이
아니었어. 하지만 어려서부터 총명했던 금원을
달리 본 부모는 딸에게 글을 가르치고 시를 쓰게 했어.
이름난 화가들의 그림을 보여 주고,
넓은 세상을 깨닫게 했지.
덕분에 금원은 당대에 가장 널리 읽힌
금강산 여행기를 펴내 세상에 이름을 남겼어.

금원은 어려서부터 책을 읽고 시를 썼어. 그런 금원의 마음속에는 늘 한 가지 바람이 있었지.
'넓은 세상으로 나가서, 글과 그림으로 본 것들을 직접 보고 듣고 느끼고 싶다. 그리고 내가 쓴 글로 내 이름을 세상에 남기고 싶다.'

논어에 이런 구절이 있어. "어진 사람은 산을
좋아하고, 지혜로운 사람은 물을 좋아한다."
이 구절을 읽은 어린 금원은 의문을 품어.

'나는 어진 사람인가,
지혜로운 사람인가?
남자로 태어났다면 밖으로 나가
큰 산과 큰 물을 두루 보고,
내 뜻이 어디 있는지 찾을 텐데…….
성인*이 되는 길은
오직 남자에게만 있는 것일까?'

*성인 : 지혜와 덕이 매우 뛰어나 길이 우러러 본받을 만한 사람.

어느 날, 금원은 겸재 정선이 그린 〈단발령에서
금강산을 바라보다〉를 보고 금강산에 마음을
빼앗겨. 그 뒤로 금강산에 관한 시와 글, 그림이라면
무엇이든 찾아보았지. 그리고 금강산에 가겠다는
마음을 굳게 먹어.

열네 살이 되던 1830년 봄, 금원은 남자아이 차림을
하고 새처럼 자유롭게 떠났어. 금원은 그날의
마음을 이렇게 썼어.

가슴속이 후련해지면서
마치 새장에 갇혀 있던 매가 새장을 나와
곧바로 하늘 높이 날아오르는 기세이고
천리마가 재갈에서 벗어나
곧 천리를 달리는 기분이었다.

맨 처음 간 곳은 충청도 제천의 의림지야.
금원은 버드나무가 늘어진 둑길을 걷고
호숫가 정자에도 올랐어. 호수 위로 날아가는
흰 새를 본 금원은 이렇게 노래하고 싶었어.
'날아가지 마라, 너는 내 벗이 아니더냐.'
여기서 금원은 여행 중 첫 시를 썼어.

호숫가 버들은 푸르게 늘어져
우울한 봄날 시름을 아는 듯하여라.
나무 위 꾀꼬리는 쉬지 않고 울어 대니
이별의 슬픔 견디기 어렵게 하네.

다음에 간 곳은 같은 충청도에 있는 단양이야.
신선이 내려와 노닐었다는 선암계곡에서 금원은
두 번째 시를 썼어.

봄물은 절로 도원 가는 길로 통하니
사람을 만나도 다시 길을 묻지 않네.
종일 꽃향기에 빠져 돌아다니니
몸은 비단으로 수놓은 푸른 산속에 있네.

금원은 기암절벽이 솟아 있는 사인암, 영춘에
있는 종유석 동굴을 구경했어. 그리고 배를 타고
충주호로 거슬러 올라가 단양팔경 가운데 하나인
옥순봉을 보았어.

금원은 옥순봉 봉우리에 직접 오르고 싶었어.
하지만 그러지 못하고 배를 타고 보아야 했던 것이
못내 안타까워 그날 밤 잠을 이루지 못했어.
그 아쉬운 마음을 담은 시야.

시인들 잠시 풍월을 읊을 여유도 없이
조물주가 시기하여 산 밖으로 쫓아냈네.
산새는 산 밖의 일 알지 못해서
봄빛이 숲속에 있다고 지저귀네.

단양을 떠난 금원은 드디어
금강산에 도착했어.

*장안사 : 금강산의 4대 사찰(장안사, 표훈사, 유점사, 신계사) 가운데
하나. 한국전쟁 때 불에 타 모두 사라지고 표훈사만 남았다.

단발령에서 바라본 금강산 일만 이천 봉우리는 금원의 눈에 이렇게 보였어.
"옥을 깎아 세운 듯 서산에 쌓인 눈도 이보다 더 하얗지는 않을 것이다."
금원은 장안사*에서 스님들과 함께 산나물이 푸짐한 점심을 먹으며 금강산 이야기를 나눴어.

금원은 표훈사를 지나 보덕암에
오른 이야기를 아주 자세하게 적었어.
보덕암은 깎아지른 듯한 절벽 위에
세워진 암자로, 구리 기둥 하나로 버티고
있는 게 큰 특징이야. 금원은 이런 생각을 했어.
'간담이 서늘해지고 다리가 떨려 감히 내려볼 수도
없구나.' 그렇지만 철 줄을 잡고 한 발 한 발 내디딘
끝에 암자에 올랐지.

금원은 내금강 깊이 들어가 만폭동 너럭바위
위에 섰어. 바위에는 선비 양사언이 새겨 놓은
글귀가 있어. 금원이 보기에 글씨가 마치
살아 있는 용과 뱀이 날아오르는 것 같았어.

양사언의 어머니는 소실*이었는데 양사언을 낳고
스스로 목숨을 끊었어. 죽기 전 이런 유언을 남겼지.
"부디 아이를 적자*처럼 키워 달라." 금원도 소실의
딸이었기에 그 사연을 알고 가슴 아파했어.

금원은 금강산 한복판 헐성루에 올라 새벽 해돋이를
보았어. 금강산 일만 이천 봉우리 너머로 떠오르는
태양을 보며 가슴 가득 희망을 품었지. 금강산에
올라 바다를 보았으니 천하를 다 본 것이나 다름이
없었어.

*소실 : 정식 아내 외에 혼인하지 않고 함께 사는 여자를 이르는 말.
*적자 : 본처의 아들.

모든 물 동쪽으로 흘러드니
깊고 넓어 아득히 끝이 없어라.
이제 알겠노라! 하늘과 땅이 크다 해도
내 한 가슴속에 담을 수 있다는 것을.

금강산 여행을 마친 금원은 관동으로 갔어.
통천에 있는 총석정에서 시작해서
관동팔경을 두루 둘러보았지.

봄이 지나 온갖 꽃들 지려 하는데
다만 해당화만 붉구나.
해당화마저 또 지고 나면
봄 일은 헛되고 또 헛되겠네.

금원은 마지막으로 한양으로 갔어. 한양 성곽
사십 리 길을 걷고, 북한산 탕춘대에도 올랐어.
관우의 사당 남묘를 본 뒤 여행을 마쳤어.

소인은 감정대로 행동하며 넘쳐도 돌아갈 줄 모르지만,
군자는 만족을 얻었을 때 멈출 줄 알고 절제할 줄 안다.
내가 오랜 여행으로 바라는 바를 이루었으니
이제는 멈출 만하지 않는가.

여행을 마친 금원은 고향 원주로 돌아왔어.
그리고 기생이 되었지. 금원은 시를 잘 짓는
기생으로 이름을 알렸고, 그 뒤 선비 김덕희의
소실이 되었어. 금원은 혼인한 뒤에도 글을
계속 썼어. 한양의 별장인 삼호정에 머무를 때는
여자 동무들과 함께 시 모임인 '삼호정시사'를 꾸려
창작 활동을 활발히 했어.

금원에게는 평생 함께 시를 쓴 벗들이 있어.
이들의 설득으로 금원은 금강산 유람기인
《호동서락기》를 쓰게 되었어. 어디를 거쳐
어느 곳에 갔는지, 그곳에 어떤 전설이 전해 오는지,
그 풍경과 느낌이 어땠는지를 생생하게 기록했어.
물론 아름다운 시도 남겼지.

뒷날 많은 사람이 금강산 여행을 떠나기 전
금원의 《호동서락기》를 읽었다고 해.

역사이야기

신사임당부터 저잣거리 문인까지

조선 시대 여성 문인들

조선 문학의 또 다른 기둥, 여성

조선 시대 여성 문인들을 이해하려면
먼저 조선 시대의 분위기가 어땠는지 알아야 해.
'남존여비'라는 말 들어본 적 있어?
남자는 귀하고 여자는 천하다는 뜻이야.
조선 시대에는 모든 중요하고 훌륭한 일은 남자가 하고,
여자는 글을 배워서도 똑똑해서도 안 된다,
남자 말에 무조건 따라야 한다,
이런 식의 굴레를 씌워 억누르기만 했어.
하지만 재주 있는 여성은 어느 곳에나
어느 시대에나 있기 마련이지.
사회적인 속박 속에서도 자기가 가진
재능과 열정을 세상에 펼친
조선 시대 여성 문인들을 소개할게.

양반가의 여성 문인들

신사임당과 허난설헌

먼저 조선 시대 양반가 문인부터 살펴볼까?
가장 먼저 떠오르는 사람이 신사임당과 허난설헌일 거야.
신사임당은 율곡 이이의 어머니이자
빼어난 시와 그림 솜씨를 지녔던 예술가야.
허난설헌은 《홍길동전》을 쓴 허균의 누이이자
중국에까지 이름을 떨친 조선 시대 대표 여성 시인이지.
그런데 사임당과 난설헌은 이들의 이름이 아니라 호야.
율곡 이이, 퇴계 이황처럼 남자들은
호와 이름이 같이 알려졌지만
여자들은 이름이 알려지지 않은 경우가 많아.
신사임당도 사임당 신씨라고만 불렸기 때문에
본명을 아는 사람은 아무도 없어.
허난설헌은 어릴 때부터 신동이라 불릴 만큼
글재주가 뛰어났지만, 이 때문에 남편인 김성립은
허난설헌을 피했다고 해.

허난설헌은 조선 땅에서
여자로 살아야 하는 한을 이렇게 썼어.
"내게는 세 가지 한이 있으니,
하필 조선이라는 작은 땅에서 태어난 것이요,
하필 여자로 태어난 것이고,
하필 남편의 처가 된 것이다."

한 편의 시로 사람을 구한 이옥봉

이름이 숙원인 이옥봉은 뛰어난 재능을 가진 시인이었어.
"내가 시를 쓰면 귀신이 운다."
이렇게 말할 만큼 자신감도 넘쳤지.

이옥봉의 남편인 조원은 이옥봉이 글 쓰는 걸 무척 싫어했어.
그래서 이옥봉에게 혼인하면 절대 시를 쓰지 않겠다는
맹세를 받았다고 해.

하루는 이런 일이 있었어.
산지기의 아내가 소도둑으로 잡혀간 남편을
구해 달라고 이옥봉을 찾아온 거야.
사정을 들어 보니, 관아의 구실아치들이 누명을 씌운 것 같아.
남편과 한 약속 때문에 고민하던 이옥봉은
결국 붓을 들고 시를 써 주었어.
거기에 이런 구절이 나와.
"이 몸이 직녀가 아닌데 낭군이 어찌 견우이리오."
내가 직녀가 아닌데 남편이 어떻게 견우,
곧 소를 모는 사람이겠느냐는 뜻이야.
그러니 남편은 소와 관련이 없고, 소도둑도 아니라는 거지.
이 재치 있는 시구에 감탄한 수령은 산지기를 풀어 주었어.
이옥봉의 남편에게 이옥봉의 시를 칭찬하기도 했지.
하지만 남편은 오히려 약속을 어겼다고
화를 내며 이옥봉을 쫓아내 버렸어.

결국 이옥봉은 온몸에 시를 휘감고
바다에 뛰어들어 죽고 말아.
뛰어난 재주를 갖고도 현실을 이겨 내지 못한 슬픈 이야기지.
그래도 죽는 순간까지 이옥봉은 시와 함께했어.

꿈속의 넋 〈몽혼〉

이옥봉은 떠났지만 시는 남아 멀리 중국까지 전해졌지.
이옥봉의 시는 맑고도 굳세 많은 이들이 좋아했어.
그 가운데 한 편을 읽어 볼까?
제목은 '꿈속의 넋'이란 뜻을 지닌 〈몽혼〉이야.

"요즈음 안부를 묻노니 어떠신지요.
창가의 달빛 밝건만 이내 한은 깊어만 갑니다.
꿈속의 넋도 발자취를 남길 수 있다면
그 집 앞 돌길은 벌써 모래가 되었겠지요."

조선 시대 최고의 시인, 기생

종합 예술가였던 기생
조선 시대의 기생은 시, 노래, 춤, 그림, 그 밖에
온갖 예술에 뛰어난 예술가였어. 비록 신분은 천민이지만
양반과 대등하게 문화를 교류하며 재주를 꽃피웠지.
여자를 천대하고 옥죄는 세상에서는 재주가 있어도
드러내지 못하는 이들이 많았는데, 그나마 자유로운 사람이
기생이었기 때문이야.

시인으로 이름을 떨친 기생들
황진이, 홍랑, 이매창, 계월, 운초 같은 기생은 특히
시인으로 이름을 널리 알렸어. 홍랑이 쓴 시조를 하나 볼까?
"묏버들 가려 꺾어 보내노라, 임에게.
주무시는 창밖에 심어 두고 보옵소서.
밤비에 새잎 나거든 나인가 여기소서."
임을 그리는 마음을 버들에 빗댄 솜씨가 참 빼어나지.
기생이 쓴 시는 사랑이나 그리움을 주제로 한 것이 많았지만

"하늘이 태어나게 했으니 날 사랑해 주는 사람이 어찌 없겠느냐!"
이렇게 쓴 문향의 시구처럼 당당하게 자신을 외치는 시도 많아.
조선 후기 최고의 시인인 신위가 진홍이란 기생을 두고
이렇게 말하기도 했어.
"진홍이 있으니 나 같은 이는 시를 안 써도 될 것 같다."
이들은 모두 기생이기 전에 최고의 시인이자 예술가였어.

한글을 지킨 여성 문인들

궁궐에서 저잣거리까지

마지막으로 한글을 지킨 조선의 여성 문인들에 대해
이야기해 볼게. 신분으로 따지자면 가장 높은 곳에 있는
궁궐과 가장 낮은 곳에 있는 저잣거리가 한 갈래로
묶여 있으니 조금 이상하지?
그렇지만 이들을 잇는 공통점이 바로 '한글'이야.

한글로 쓴 궁중 문학

궁중 문학이란 궁을 배경으로
궁과 관련된 사람들이 쓴 글을 말해.
한자로 쓴 것도 있지만, 한글로 쓴 것이 훨씬 많아.
한글 궁중 문학 가운데 대표적인 작품은
정조의 어머니, 혜경궁 홍씨가 쓴 《한중록》이야.
자신의 궁중 생활 60여 년을 담은 회고록이지.
《계축일기》와 《인현왕후전》도 이름난 궁중 문학인데
모두 여성이 한글로 썼어.

평민이 쓴 가사와 시조, 노래

저잣거리에서는 한글 가사와 시조, 노래가 유행했어.
쉽고 아름다운 한글로 된 글들이
평민과 여성들 사이에서 널리 쓰이고 읽혔지.
안타깝게도 궁중 문학이든 저잣거리 문학이든
여성이 쓴 글은 누가 썼는지 알려지지 않은 경우가 많아.
그냥 어느 부인이 썼다, 어느 궁녀가 썼다, 하는 식이지.
그렇지만 많은 사람이 이들의 글을 읽고,
울고 웃으며 함께 마음을 나눴어.
한문에 밀려 언문이니, 암글이니 하며
손가락질받던 한글의 맥을 이은 사람들이
바로 여성들이었던 거야.

한글을 잇고, 다듬고, 꽃피운 여성들

사대부들이 체면치레에 빠져
어려운 남의 나라 글만 공부할 때
여성들은 한글을 잇고, 다듬고,
더욱 풍성하게 꽃피웠어.
앞서 나온 양반가 문인이나 기생들도
아름다운 한글 시조를 많이 썼지.
세종대왕이 만든 한글은 저잣거리에서 궁궐까지
조선의 모든 여성들이 지켰다고 해도 지나치지 않아.
이들이야말로 조선 문학의 또 다른 기둥이지.

소곤소곤 뒷이야기

"남류는 없는데 왜 여류는 있어?"

여류 시인이나 여류 화가라는 말 들어 봤지?
그런데 왜 남류 시인, 남류 화가라는 말은 없을까?
왜 유난히 여자에게만 '여류'라는 말을 붙일까?
이런 말에는 남녀를 차별하는 생각이 깊게 박혀 있어.
예전에 여자는 집에서 살림이나 하는 사람이라고
생각했으니까, 여자가 어쩌다 바깥일을 하게 되면
기특하다고 앞에 '여류'라는 말을 붙여 강조했던 거야.
그러니까 이런 시대에 맞지 않는 말은
되도록 쓰지 않는 것이 좋겠지?

역사 인물 돋보기: 예술+문화 02
열네 살의 남장 여행가 김금원

2025년 3월 10일 1판 1쇄 펴냄
글 신혜경, 김용심 | 그림 김병하

편집 김누리, 김성재, 이경희, 이정희, 임헌
디자인 박진희 | **제작** 심준엽
영업마케팅 심규완, 양병희, 윤민영 | **영업관리** 안명선
새사업부 조서연 | **경영지원실** 노명아, 신종호, 차수민
인쇄와 제본 (주)상지사 P&B

펴낸이 유문숙 | **펴낸 곳** (주)도서출판 보리 | **출판등록** 1991년 8월 6일 제9-279호
주소 (10881) 경기도 파주시 직지길 492
전화 031-955-3535 | **전송** 031-950-9501
누리집 www.boribook.com | **전자우편** bori@boribook.com

ⓒ 김병하, 김용심, 신혜경 2025

이 책의 내용을 쓰고자 할 때는, 저작권자와 출판사의 허락을 받아야 합니다.
잘못된 책은 바꾸어 드립니다.

값 9,000원

*보리는 나무 한 그루를 베어 낼 가치가 있는지 생각하며 책을 만듭니다.

ISBN 979-11-6314-397-0 (74910)
   979-11-6314-395-6 (세트)

참고 문헌
《호동서락을 가다》, 최선경, 옥당, 2013 (13, 15, 16, 18, 25, 27쪽)
《오래된 꿈》, 홍경의, 보림, 2011 (29쪽)
*저작권자와 연락이 닿지 않아 부득이하게 미리 허락받지 못한 경우 연락이 닿는 대로
 절차에 성실히 임해, 합당한 저작권 사용료를 지급하겠습니다.

제품명 도서 **제조자명** ㈜도서출판 보리 **주소** (10881) 경기도 파주시 직지길 492 **전화번호** (031) 955-3535
제조년월 2025년 3월 **제조국** 대한민국 **사용연령** 10세 이상 **주의사항** 책의 모서리가 날카로우니 다치지 않게 주의하세요.
KC 마크는 이 제품이 공통안전기준에 적합하였음을 의미합니다.